LETTRE AU JURY.

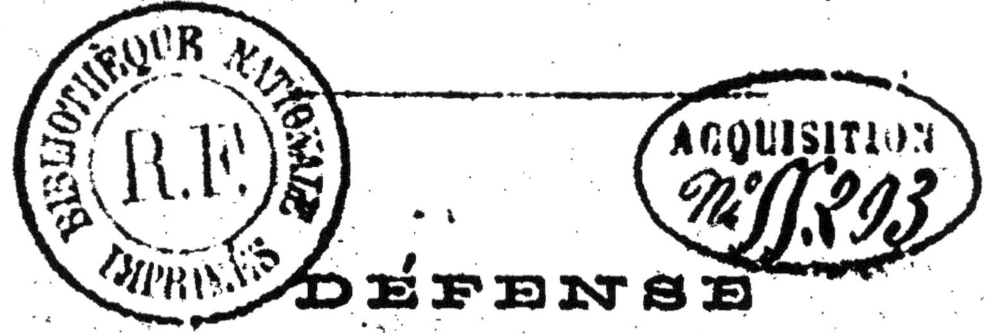

DÉFENSE

DE LA LETTRE

AU PARLEMENT ET A LA PRESSE.

1858.

LETTRE AU JURY.

Défense de la lettre au Parlement et à la Presse.

I.

Pourquoi le procès et l'acquittement ?

Après la condamnation du roi Louis XVI, pardon de le prendre de si haut, mais il s'agit d'attentat, comme vous savez, après la condamnation du roi Louis XVI, les royalistes ont dit : " c'est un procès qui n'est pas jugé." Après l'acquittement de notre libraire, nous disons de même et nous ajoutons ce proverbe : " C'est reculer pour mieux sauter."

Qui trompe-t-on ici ? comme dans la comédie de la *Folle Journée.*

Par un compromis énigmatique, que nous ne voulons pas apprécier, mais qui ne peut honorer ni satisfaire personne, ni la justice ni la raison, désavoué d'ailleurs de la partie engagée, le libraire, on s'est désisté de la plainte, on a renoncé aux poursuites, on a abandonné le procès. On vous a dérobé, au moment même de la juger, la cause portée devant vous ; on vous a soustrait l'occasion, belle et bonne, de prononcer solennellement, définitivement sur la tyrannie en général et le Coup d'État en particulier. Car il était à votre barre avec notre lettre. Nous devions comparaître ensemble, accusants et accusés. Nous l'attendions là, de pied-ferme, avec nos témoins et nos preuves, à la face de l'Angleterre, devant Dieu et vous. La justice et l'histoire faisaient rougir le fer. C'était la joie de notre exil, la fête des victimes, la vengeance de la loi sur la force. C'était notre revanche, votre droit et votre gloire !

Oui, noble privilége d'un pays libre, douze simples citoyens, vous jury anglais, orgueil de votre peuple, envie et modèle de tous ceux qui veulent une vraie justice, vous le seul tribunal au monde, avec celui de Dieu, qui puisse à cette heure rendre un verdict entre le faible et le fort, vous aviez dans l'un des plateaux de votre balance le Coup d'État tout-puissant et dans l'autre une pauvre brochure d'un sou ; vous aviez à juger le crime triomphant et le droit qui proteste ; vous aviez à peser ensemble le proscripteur et les proscrits... Et l'on a craint que le Coup d'État avec ses légions, ses canons et ses millions fut trouvé trop léger contre une feuille de papier. On a eu peur de votre justice, après avoir compté sur votre complaisance et vos préjugés. En un mot, on a reculé devant la vérité. Mais nous qui n'avons jamais douté de votre équité, ni de votre sagesse, nous qui tenons à être jugés et absous en votre âme et conscience, nous vous adressons la défense dont M. James s'était chargé. Vous y perdrez l'éloquence ; mais vous n'en verrez que mieux la vérité nue.

On va sans doute nous trouver indiscrets, pour le moins. Quoi, encore ? N'importe ! Nous insistons quand même, bien que les redites soient fâcheuses. *Repetita nocent*. Nous insistons, pour l'histoire et l'honneur de la proscription. Nous insistons parce que nous aimons les positions nettes. Ce que nous voulons, ce n'est quoi-qu'on pense, ni le bruit, ni le trouble. Nous n'avons ici ni soif du martyre ni faim de la persécution ; nous en avons déjà plus que notre part, deux chevrons, tous, exil et prison. D'ailleurs, où est la gloire sans le péril ? Nous avons encore moins l'envie de nuire à ce pays. Toute notre reconnaissance pour son hospitalité… pas davantage l'intention de braver votre justice. Tout notre respect pour son indépendance. Vous êtes de ceux qui rendent encore des arrêts et non des services. C'est pourquoi nous revenons à vous, sans esprit de jactance ou de discorde, mais par un sentiment que les gens de cœur comprendront, par l'unique besoin de dignité et de vérité, parce qu'il nous faut justifier notre œuvre, parce que notre libraire est absous sans que notre lettre soit jugée, parce que nous avons été accusés et non défendus.

Rappelons les faits déjà frustes.

Le 14 janvier, un Romain attaquait la vie d'un Français qui a mis la main sur Rome.

Tout d'abord, stupeur dans l'empire. Bientôt cri d'horreur contre nous, contre vous-mêmes. C'est la faute de l'exil et de l'hospitalité. Nous sommes des assassins et vous des recéleurs. Menacés enfin, les proscrits sont des bêtes fauves; l'Angleterre est une caverne; il faut une battue; il faut l'envahir, la guérir du réfugié, la purger avec une dose de zouaves, la sauver de force, les colonels seront ses médecins. Prescriptions militaires, conseils diplomatiques, remèdes héroïques, toute l'ordonnance suivant la formule impériale. Silence complet de notre part. Nous nous contentions de regretter tout bas l'insuccès du 14. Alors on met le comble aux provocations. Avec la logique ordinaire du loup envers sa proie, tout en nous traitant d'assassins, on se targue du moins que pas une main, pas une tête française ne se trouve dans ce crime, qu'il est purement étranger, purement italien, quelque chose de phénoménal, d'anormal, comme un effet sans cause. On affecte de dire que tout autre que les quatre monstres, tout homme, de quelque pays, de quelque parti qu'il soit, ne peut que renier l'abominable attentat. Bref, un véritable défi! Nous l'avons relevé. Nous avons répondu alors à cette insolente et absurde sommation. Il y a des moments où la liberté, la vie même ne sont plus que secondaires. Alors, mais alors seulement, nous sommes sortis de la réserve que nous avions gardée jusque-là par égard pour le droit d'asyle. La discrétion, du reste, n'était plus bonne à rien, puisque les colonels avaient jeté leur cri. Le mal était fait, et nous n'en étions pas cause. Le silence n'était plus prudence et devenait lâcheté. Se taire c'était agréer... qui ne dit mot consent. C'était même mentir. Donc, forcés de parler, nous avons tenu à devoir de dire ce que nous pensions, de dire tout haut ce que nous pensions tout bas, de dire clairement, nettement, franchement au proscripteur la pensée de la proscription ou du moins de la *Commune*, et nous avons écrit *notre Lettre au Parlement*.

En somme, que dit cette lettre? Que nous ne pouvions renier ceux qui mouraient pour le droit de tous; que l'attentat n'était que le talion du Coup d'État; que le 14 janvier n'était que le châtiment du 2 décembre et du 13 juin; que le meurtre de l'empereur n'était que la peine de l'assassinat de deux républiques; qu'Orsini rétribuait Bonaparte.

A peine la lettre parue, les clameurs redoublent naturellement. Elle est signalée, comme de juste, au gouvernement anglais par les journaux à la solde du gouvernement français. Un d'eux, de ce côté de l'alliance, un journal qui dîne de la délation et soupe de la calomnie, et qui fait payer à l'ambassade la carte de ses deux repas, le *Morning Post*, le premier, nous traduit et nous dénonce, bien entendu. C'est sa manière de réfuter. Après lui tout l'orchestre où M. Fould tient le bâton, fait chorus *in riforzando*. Ce n'est pas assez. César lui-même s'en mêle; sans souci de la grandeur qui l'attache au rivage, il descend du trône et se met au bureau, quitte l'épée pour la plume et rédige un pamphlet contre nous. Le tyran se fait cuistre, lavant le sang dans l'encre et n'en étant que plus sale. En effet, dans ce pamphlet anonyme et hypocrite, souvenez-vous, il ment comme toujours; il se pose en ami trompé, en allié malheureux; il raconte ses griefs et ses mérites, ses tendresses et ses tourments, ses services à l'Angleterre si mal payés de retour; il se vante, en soupirant, de n'avoir pas même abusé de l'Inde… honnête homme! il n'y a que lui au monde pour se faire un titre de n'être pas un traître….. Attendons! Enfin c'est à fendre le cœur de dévouement et de générosité. S'il se plaint, Seigneur! ce n'est pas pour lui; qu'importe cette triste vie! C'est pour l'amour des autres, pour le bonheur des deux peuples et du monde entier, pour que la France ne déclare pas, malgré lui, la guerre à l'Angleterre. Il est l'agneau de la paix, la victime innocente et persécutée de l'alliance, l'hostie de la civilisation, le sauveur de l'humanité. Depuis le jardin des Olives, on n'a jamais vu boire un calice si plein de lie avec plus de résignation et de sublimité.

Devant ces divines mélancolies, le gouvernement anglais ne peut moins faire que d'être touché. Ayant donc secoué la poudre de ses vieux Codes et les perruques de ses vieux juges, entendu Campbell qui dit oui et Rethell qui dit non, il livre notre lettre aux officiers de la couronne, en même temps qu'il porte aux

Chambres la loi de Conspiration. Mais si l'agneau de
janvier sait bêler, le loup de décembre sait hurler
aussi. Le fourbe a deux faces, comme Janus. Il a,
comme Chiron, deux cordes à son arc; comme Ri-
chelieu, deux escaliers; la paix va d'un côté, la guerre
vient de l'autre. Il écrit enfin des deux mains, avec
plume d'oie et plume de fer, Laguéronnière et Veuillot
à son gré. Dans ce siècle d'Auguste, si fertile en esprits
excellents, embarras du choix. Or, tandis qu'il vous
faisait des prières évangéliques dans son pamphlet, il
vous en poussait d'autres, beaucoup moins chrétiennes
dans l'*Univers*. Ce n'est pas tout patience et tout laine
que votre ami! N'étant pas sûr de la supplique, il em-
ployait aussi le comminatoire. Dulcamara vous soi-
gnait par la double méthode, les émolliens et les to-
niques; l'eau de javelle se mêlait à l'eau de guimauve,
Trissotin à Vadius. Le dur et le mou, le chaud et le
froid, noir et blanc, oui et non, l'intimidation et la
plainte allaient de front, comme les chevaux du soleil
qui soufflent, l'un la pluie et l'autre l'éclair. Vous
connaissez l'attelage, deux talents contradictoires, les
plus dépareillés de l'écurie; l'un mordant l'autre,
comme il lui faut; l'un couleur pie, royaliste, républicain, impérialiste, poil changeant, bouche docile,
pied de manége à tout trot, à tout mors et à tout
maître, croisé de Girardin et de Lamartine, pureté
de gérant et logique de poète, vrai cheval d'omnibus;
l'autre, tout autre, tout noir, noir prêtre, catholique
apostolique et entier, élevé dans le pré de l'église,
pourri de sacrements et de pain béni, au son de la
cloche et du serpent, des patenôtres et des cantiques,
ombrageux comme une nonne, un vrai zèbre sauvage et
dévot, que le Rarey de l'empire a gratté on ne sait où,

et qui dompté, dressé, bridé maintenant, bat du tam-
bour, sonne la trompette, tire le pistolet, prend le sabre
aux dents, crie guerre aux Anglais et veut du sang...
comme un colonel.

Si bien que votre Parlement, dont la majorité se
compose d'honnêtes gens, révolté de cette douce-
amère, de cette duplicité odieuse, de cet ignoble mé-
lange d'audace et de lâcheté, finit par refuser toute
raison aux prières comme aux colères, rejeta la loi de
satisfaction et renversa même son chef favori, son
Palmerston, un ministre anglais, qui restera au poteau
de l'histoire avec cette marque originale: révoqué pour
cause de bonapartisme.

Mais ce que l'ancien ministère n'avait pu arracher à la
fierté du Parlement, le nouveau pensa l'obtenir de la
faiblesse du jury. Il crut que douze jurés triés seraient
moins patriotes que la Chambre basse; qu'ils ac-
corderaient ce qu'avait refusé la majorité des com-
munes; c'est à dire, que douze électeurs abrogeraient
le vote des deux cents élus. Il avait pourtant la leçon
du procès Bernard, où le verdict du jury avait si bien
répondu au vote de la Chambre, où l'un avait jugé
comme avait voté l'autre, où les représentés s'étaient
montrés d'accord avec les représentants, pour l'honneur
de tous. Néanmoins, le gouvernement espéra encore
qu'en attendant, en ajournant, en laissant à l'opinion le
temps de s'affaisser et de s'assoupir, la liberté de la
presse paierait peu ou prou pour le droit d'asile, et
qu'il pourrait donner ainsi une fiche de consolation à
son allié, un œuf pour un bœuf, les coquilles, un libraire, quelque chose; et après un mois de réflexion le
procès fut décidé.

À ce moment, l'ami à double pression comptait

déjà deux affronts consécutifs. Son nouveau représentant, ambigu comme lui, l'ambassadeur de l'aix, le maréchal Pélissier, Mars et Mercure à la fois, en échange de l'olivier ou du laurier qu'il apportait ici, avait reçu, pour sa bien-venue, l'acquittement du docteur Bernard, après le rejet du bill Palmerston. Ce second soufflet n'était pas fait pour calmer la rougeur du premier. Aussi, plus furieux que jamais, après avoir pris un maréchal pour ambassadeur, l'ami prenait un autre épouvantail, un général pour ministre, concentrait ses troupes en cinq camps, ralliait la Russie, l'ennemi commun, dont il avait sauvé la flotte et pour cause, fortifiait ses ports, perfectionnait les colliers des chevaux comme des hommes, augmentait sa marine, déclarait l'armée inviolable, faisant grâce aux Doineau, aux Merci, à tous ses instruments de travail; bref, apprêtait ses moyens de guerre, toujours en criant paix il préparait son coup.

Ce coup d'État, sans cesse pendant sur l'Europe, soyez certain qu'il le fera, comme il a fait celui de France. Les présomptions sont graves, précises et concordantes. Il le fera, s'il a le courage de son ambition et le pouvoir de son crime. Nous savons bien qu'aujourd'hui nul n'a guère la logique de ses principes : que les Juifs prêtent au Pape, que les chrétiens sauvent les Turcs, que les Parlements s'allient aux despotes, et que partout le droit transige avec le fait. Mais chez lui le principe est un avec l'intérêt, l'origine avec le but; et où il y a but il y a voie. Il y tend, croyez-le, et s'il s'en détourne parfois, c'est pour mieux y revenir. Il y viendra, à moins d'une révolution ou d'une coalition, hélas! Ce n'est pas la volonté qui lui manquera, s'il a la force. Il contient cet autre décembre virtuellement et l'effectuera, s'il le peut, par les mêmes moyens. Voyez! il se donne déjà raison et prend le vent pour l'attaquer! Le voilà se faisant le champion du droit des peuples contre l'empire turc et l'Angleterre, après avoir été avec l'Angleterre le champion de l'empire turc. C'est ainsi qu'en France, ayant mutilé le vote universel avec l'Assemblée, il se fit contre l'Assemblée le champion du vote universel. Il parle de droit, méfiez-vous! il parle d'honneur, au secours! Son procédé est connu: dire le mensonge pour qu'on le croie, la vérité pour qu'on ne le croie pas. Vous savez qu'il ne s'imprime rien en France qu'avec sa permission. Eh bien! il laisse aller un autre pamphlet, interlope, équivoque, anonyme comme le sien, vrai ballon d'essai, annonçant que "la guerre est préférable au déshonneur du drapeau;" il laisse dire au *Moniteur de la Flotte* du 30 juin: " Les glaces de la Russie, et vingt-deux ans de guerre avec l'Europe n'ont pas, comme en 1814, épuisé notre héroïque armée; elle est intacte, et ce qu'on lui reproche au fond, c'est l'excès de ses bons offices et l'éclat trop grand de sa gloire. Notre marine n'est pas, comme il y a soixante-six ans, privée par l'émigration de ses officiers expérimentés. Ceux d'aujourd'hui réussiraient également bien dans la grande guerre d'armée contre armée et dans la poursuite, dans la désolation du commerce des agresseurs." Ainsi vous serez les agresseurs comme nous l'étions en décembre, et ce sera pour le droit des peuples, comme c'était pour le salut de la République. Écoutez jusqu'au démocrates pacifiques, St. Simoniens devenus St. Jérômistes, que l'anglophagie gagne et qui veulent leur part de chair crue, comme des chevaux de tyran: "Qui sait, dit la *Presse*, si ce n'est pas à Cherbourg que se résoudra la question d'Orient?" Jusqu'aux royalistes de la *Gazette* qui ont licence pour citer l'auteur même de Cherbourg: "Mon grand projet était d'y concentrer toutes mes forces maritimes, et avec le temps elles eussent été immenses, afin de pouvoir porter le grand coup à l'ennemi. J'établissais mon terrain de manière à ce que les deux nations eussent pu, pour ainsi dire, se prendre corps à corps." Écoutez enfin l'âne rouge, le zèbre noir, le Palefroi de l'*Univers*: Hennissement du 9 juillet: "l'Angleterre n'a plus la force de ses anciens triomphes; oui, nous sommes les ennemis de l'Angleterre, parce que l'Angleterre protestante est forcément l'amie de la révolution, l'ennemie de la foi et de toutes les nations, et conséquemment le plus grand obstacle à la conversion des payens et à la civilisation du monde. Le monde ne recouvrera jamais une solide paix jusqu'à ce que l'Angleterre soit devenue catholique ou ait cessé d'être un pouvoir de premier rang... il n'y a pas d'alliance possible avec l'Angleterre; toutes les nations de la terre doivent donc s'entendre et crier ensemble contre elle la fameuse sentence du Sénat romain: *Delenda Carthago !*"

Si vous êtes surpris après ça, ce ne sera pas sa faute, ni la nôtre. Depuis six ans nous vous le redisons. On nous a traités pour la peine comme Cassandre et son malheureux frère Laocoon, livrés comme des prophètes de malheur aux pythons de la Presse et du Banc de la Reine; et maintenant, pas un conseiller de reine ou de peuple, pas un avocat, pas un journal honnête qui ne pense comme nous. Le *Times* lui-même qui nous voulait tantôt aux bagnes de Cayenne, tantôt aux bouges de Soho, dit comme nous à cette heure,

mieux tard que jamais; et du fond de ses allées
sablées et de son square fleuri, tout d'une haleine
embaumée par la Tamise, répète au petit chaperon
partant pour Cherbourg ce conte de fée que chacun sait: " Vous avez de bien grands yeux, cher
ami?—C'est pour mieux te regarder mon enfant.—
Vous avez de bien grands bras, cher allié?—C'est
pour mieux t'embrasser.—Vous avez de bien grandes
troupes, de bien grandes flottes, de bien grandes dents,
cher voisin?—C'est pour mieux te croquer... Sérieuse-
ment, il n'y a pas à présent, un seul homme de sens dans
les trois royaumes qui ne partage notre avis sur l'empire de la Paix. Qu'est-ce qu'une amitié armée,
une alliance en garde, un voisinage fortifié? C'est la
guerre au port d'armes, attendant le commandement
de feu!

Aussi le gouvernement anglais, comme tout gouvernement, moins brave que le peuple, voulant à tout
prix désarmer le voisin, ayant tout fait dans cette
vue, le procès comme la loi, trouvant qu'il n'avait pas
réussi, que l'allié armait toujours et que l'opinion ne
désarmait pas, au contraire; craignant de pousser l'ami
à bout par un troisième affront, le troisième porte
coup, dit-on, retira prudemment la cause; et après avoir
assigné le libraire, le renvoya à ses livres. Ainsi finit
le procès, fait pour calmer le courroux de l'empire et
défait pour lui sauver l'honneur.

Nous ne triomphons pas de si peu. Nous ne pouvons nous reposer sur cette victoire. Nous ne pouvons
partager la joie de la presse libérale dont les éclats ont
retenti jusqu'aux oreilles du vaincu d'Albertgate. C'est
quelque chose, certes, que de prouver au héros de Ma-
lakoff et du Dahra, que les campagnes de Londres sont

plus difficiles que celles d'Afrique ou même d'Orient; qu'il est plus aisé d'enfumer un clan d'Arabes ou d'enfoncer un bastion russe que de forcer un jury Anglais, qu'il peut mettre un Bédouin ou un Cosaque dans son blason de duc, mais qu'il n'y mettra pas un juré, ni un proscrit. C'est beaucoup, certes, de n'être pas battu par le vainqueur de Sébastopol, mais ce n'est pas assez pour le droit. Nous sommes plus exigeants. Il faut que notre lettre soit quitte comme le libraire; il faut qu'elle ait raison de l'arrêt Jardine et des charges Bodkin; il faut qu'elle soit victorieuse de l'accusation comme des accusateurs. Nous reprenons donc la cause, car nous sommes sûrs de notre droit et de votre justice. Nous sommes sûrs que vous ne rendrez pas à l'ennemi véritable, sous prétexte d'une alliance dérisoire, d'une amitié de pis-aller, la première de vos franchises, le plus cher de vos droits, la plus noble, la plus précieuse, la plus nécessaire de vos institutions, celle qui garantit et sauve-garde toutes les autres, la liberté de la presse. Le droit de tout dire est le moyen de tout prévenir. La liberté d'abord, l'alliance ensuite, s'il se peut. Cette alliance de dupe vous a déjà trop coûté. Si quelqu'un y a perdu, c'est vous. Si quelqu'un y a gagné, c'est lui. Vous vous êtes fait tort dans l'esprit des gens; les Espagnols ne vous l'envoient pas dire. Vous lui avez donné plein-pied sur le Continent. Votre soutien l'a rendu l'arbitre de tous les petits peuples qui l'entourent. Grâce à vous, la capitale de son précaire empire est devenue le chef-lieu du despotisme européen. Vos concessions lui ont valu la soumission des autres, Belgique, Suisse, Piémont. Votre réserve l'isolerait, votre résistance l'abattrait. Ne craignez pas la guerre. Le peuple de Paris, le seul qui compte politiquement en France, n'est pas pour lui; il est avec nous. Il a voté pour le défenseur d'Orsini. Rappelez-vous le Passé. L'oncle n'est venu chez vous que pour aller à Ste. Hélène; et vous avez cédé d'avance Longwood au neveu. Résistez, il reculera; reculez, il avancera. Il a suffi d'un vote pour faire rengainer l'épée de ses Malcus. Ayez confiance dans votre force, la liberté, et dans sa faiblesse, le despotisme. La liberté est votre Palladium. Ne craignez rien tant que vous l'aurez... Si vous avez fait de votre île le plus grand pays du monde, le vrai temple antique, l'enceinte inviolable et sacrée, le refuge des faibles et la barrière des forts; si vous avez monté si haut en pouvoir, en richesse, en honneur, ce n'est pas, certes, parce que vous arrêtez vos écrivains, déportez vos orateurs, exécutez vos simples citoyens; ce n'est pas même parce que vous donnez la main aux méchants qui font ainsi. C'est tout bonnement parce que vous avez un peu de charbon de terre et beaucoup de liberté !

O libre, libre Angleterre ! vieille régicide, fille aînée de la révolution, toi qui la première as bu du sang de roi et en as gardé une soif d'indépendance qui ne s'est plus passée, toi qui, la première, as retrouvé le mot de république dans le monde moderne et en as gardé le plus grand principe dans ton ancienne constitution; toi, royauté de forme, république au fond, république oligarchique, c'est vrai, mais enfin république dont la reine n'est plus que le premier citoyen, tu gis dans l'eau, dans la brume, dans les ténèbres, sans soleil, sans vin, sous un hiver qui finit en mai et recommence en juin; et cependant avec ta rame et ton chapeau de goudron, tu es la forte, la riche, la vive et même la joyeuse Angleterre! et tous ces pays favorisés du ciel, ayant pour eux la chaleur et la lumière du jour, toutes les bénédictions de la vie, languissent, pâlissent, baissent, tombent frappés d'impuissance, de stérilité, de tristesse et de mort. Entr'eux et le soleil de Dieu, hélas! s'élèvent les nuages de la servitude, espions, soldats et prêtres, l'ombre de la tyrannie! Et sur ton sein, terre plus heureuse, à travers tes brouillards et tes fumées, percent les rayons de ton soleil à toi, la liberté!

II.

Question de fait.

Venons à M. Bodkin, c'est-à-dire à son requisitoire. Si cet habile homme, s'était borné à nous accuser d'avoir brouillé les cartes, troublé la paix entre la Reine de son pays et un Souverain allié; et s'il eut déterré contre ce vilain délit, quelque bonne vieille loi d'un Guillaume ou d'un George quelconque, bien inconnue à nous, à vous aussi et à M. Bodkin lui-même, nous n'aurions certainement rien à répondre: sinon qu'une paix armée jusqu'aux dents n'est point la paix, et que si ce n'est pas la guerre, c'est au moins la préface, comme dit *la Presse*; qu'il n'est ni bon, ni juste, ni digne, ni sûr pour les plus honnêtes gens d'être alliés à leurs contraires; qu'il n'y a point de raison humaine pour former ou garder de pareils nœuds; que vous n'avez pas de plus grand ennemi que votre ami, parce qu'il est l'ennemi de toute liberté, parce qu'il ne permettra à personne, tant qu'il pourra du moins, d'être libre, parce qu'il vous pardonnera Ste. Hélène, l'oncle et tout, excepté d'être libres. Nous protesterions encore que nous surtout, démocrates-socialistes, nous voulons plus que personne maintenir l'alliance entre les deux peuples, nous voulons voir leurs qualités diverses concourir dans les arts de la paix et non s'attaquer dans les luttes de la guerre. Nous dirions que sous la république vous receviez la visite de la garde nationale et qu'aujourd'hui vous craignez celle de la garde impériale; que vos côtes étaient nues alors autant qu'elles sont garnies aujourd'hui. Nous, souhaiter la guerre! mais c'est l'invasion de notre asyle ou de notre pays Nous ne sommes ni fous, ni dénaturés, ni suicides, ni parricides. Nous sommes des réfugiés et non des émigrés. Nous n'avons point des cœurs de princes, et nous entendons l'honneur autrement qu'eux. Nous aimerions mieux, comme les proscrits de Thermidor, mourir dans le désert, ensevelis par les loups, que de rentrer dans notre patrie en croupe de l'étranger. Nous ajouterons que la paix n'est possible et stable qu'avec les hommes de droit et de bonne volonté, et non précisément avec les empereurs. Qui a commencé la guerre d'Orient? qui la recommencera en Orient ou en Occident? Demandez à Veuillot. Nous qui connaissons le César par expérience, nous n'avons fait que vous mettre sur vos gardes, pour empêcher son coup contre ce qui reste de liberté. Nous vous avons dit et nous vous disons: vous le soutenez, retirez-vous, soyez seulement neutres et il tombera pour le salut de tous. Loin donc de vous nui   avons voulu vous servir comme nous-même   en nous,   avons payé votre hospitalité, puisqu   vous êtes main nant de notre avis.

Si encore M. 1   fin nous avait   accusés seulement d'avoir diffamé   honorable ellen , nous aurions encore là peu de chose à dire. Nous reconnaissons en effet qu'il est inique de reprocher le crime au criminel, quand il a expié, *payé* comme on dit, quand il est puni; mais quand il est au pinacle, régnant et triomphant, ce n'est plus molester un misérable, c'est dénoncer un coupable; ce n'est plus diffamation, c'est justice. Le cas n'est plus que méritoire et c'est notre cas.

Mais M. Bodkin ne s'est pas même tenu sur ce terrain le moins mauvais pour sa cause. Il a choisi justement la place la plus dangereuse, encore plus brave qu'habile à ce qu'il paraît. Il s'est risqué intrépidement sur le terrain des faits. Il a payé d'audace comme les désespérés. Ivre de crimes il se croit innocent et il nous accuse d'avoir écrit un libelle faux, mensonger et calomnieux, rien que cela! Il pousse la témérité même jusqu'à préciser les faits et citer les textes:

"Bonaparte a-t-il attenté, oui ou non à la constitution, à la représentation, au droit et à la vie du peuple? Bonaparte est-il, oui ou non, un tyran assassin?"

Question de fait, n'est-ce pas? nous avons dit oui; M. Bodkin dit non. Quand un autre César qui ne valait guères mieux, appelé Caracalla, tua son frère, il demanda à Papinien l'apologie de son crime.—Il est plus facile de commettre un fratricide que de le défendre, répondit le jurisconsulte romain. M. Bodkin plus fort que Papinien trouve qu'il est aussi aisé de le défendre que de le commettre; et il justifie Bonaparte du parricide même. Comment? En le niant. Nous sommes des menteurs; mais les faits sont historiques. L'histoire est une menteuse aussi; tout le monde a menti. M. Bodkin seul ne ment pas! ni son client, bien entendu : les avocats jamais, les empereurs non plus ! bon pour les proscrits ! Mentir, fausser, calomnier, gros mots, n'est-ce pas ? même pour un avocat d'empereur... Nous ne pouvons les accepter, ne les méritant pas. Calomnier Bonaparte, comme si c'était possible ! Nous repoussons donc cette étrange imputation ; et quelque fastidieux qu'il soit de prouver l'évidence, de montrer le jour à midi, dussions-nous faire concurrence à M. De la Palisse, dussions-nous même sembler odieux autant que ridicules à remuer encore une fois ce sang et cette boue, nous sommes contraints de nous défendre et de convaincre même M. Bodkin que nous pourrions changer de rôle et que ce n'est pas exactement nous qui mentons.

Appelons donc les témoins, les vivants, ceux qui ont vu et écrit eux-mêmes les faits d'hier, l'histoire contemporaine, les hommes les plus compétents, les plus clairvoyants et les plus véridiques ! qu'ils comparaissent tous ?

Victor Hugo qu'avez-vous vu ?

Schœlcher qu'avez-vous fait ?

Duprat, Durrieu, Magen, Cahaigne, les morts mêmes, Eugène Sue, Pauline Roland, il y a des femmes aussi, qu'avez-vous souffert ? Voix des barricades, des prisons, des pontons, des casemates, de l'exil, de la tombe, parlez !

Non, dit M. Bodkin. Je récuse ces témoins, ils sont suspects, ils sont vos amis. Ils ont forgé leurs histoires, le coup d'état, le parjure, la trahison, le massacre dans les villes et les champs, les cent mille prisonniers, les huit mille transportés, les soixante condamnés à mort, les cinq guillotinés, toutes les impossibilités de la nuit de décembre et des lendemains aussi noirs que cette nuit. La Saint-Barthélemy est du seizième siècle et non du nôtre. Ils ont tant d'imagination et aussi tant de haine. Ce sont des artistes la plupart, des faiseurs de drame et de roman et qui plus est, des ivrognes de sang, capables de tout. Ils ont exagéré à dessein; ils ont écrit leurs livres tout exprès pour faire tuer leur homme. Ils le calomnient pour qu'on l'assassine. L'atelier des libelles donne dans le laboratoire des bombes. Autant appeler tout de suite les auteurs de la lettre ou de l'attentat. Ce sont tous partisans bien connus de la peine de mort, abolitionistes de la guillotine pour le peuple seulement, mais des coupeurs de têtes royales, des basilophages, des poëtes rouges. Ne croyons rien ! ils ont tout inventé.

Pardon, M. Bodkin, votre client n'est pas une fiction, par malheur. Il est inimaginable ; il dépasse toute conception, le génie même du poëte des monstres. Non, l'auteur spécial de Han d'Islande, de Bug Jargal, des Quasimodo et des Borgia, de toutes les laideurs physiques et morales, non, Victor Hugo lui-même, ce magicien tout puissant, n'a point créé Napoléon-le-Petit. Il ne pouvait que le peindre, il n'a pu l'inventer.

Mais laissons les poëtes et les républicains; appelons les modérés, les sages, les hommes d'ordre les plus graves et les plus illustres, l'élite du parlement, de l'armée, de la société toute entière, ministres, généraux, magistrats, avocats même, car il y en a pour contenter M. Bodkin.

Généraux Changarnier, Lamoricière, Bédeau, Leflô, M. Thiers et vous confrère de M. Bodkin, avocat Baze, venez ? Qu'avez-vous subi ? dites !

Halte-là ! je récuse encore dit M. Bodkin et toujours pour suspicion légitime. Ceux-là ne sont pas vos amis, sans doute, mais ils sont ses ennemis.

Soit. Laissons donc aussi ces témoins et prenons les siens même, ceux que M. Bodkin avait assignés à décharge pour lui, à charge contre nous. Il ne pourra récuser ceux-là et nous les admettons pour notre compte. Ce sont nos ennemis et ses amis, ses conseillers, ses complices, ses ministres, ses domestiques, ses historio-graphes, ses flagorneurs, ses ordonnances, son *Moniteur*. Citons-les tous, nous acceptons d'emblée leur témoignage. Faites entrer.

Voici d'abord les quatre historiens du Coup d'Etat, brevetés et garantis par le gouvernement.

Votre nom ?—Mayer. — Votre état ?- Rédacteur de la *Patrie*, auteur de l'*Histoire du 2 décembre avec pièces officielles et justifica'ives.*—C'est bien, parlez !

Suivons sur la déposition écrite, (page 37.) :

—"Quatre personnes seulement, quatre amis du Président préparèrent et disposèrent tout avec lui. Ce furent le général St. Arnaud ministre de la Guerre, MM. de Morny ministre de l'Intérieur, Persigny, représentant du peuple, et de Maupas préfet de Police... La police était sur pied depuis trois jours, et les deux corps militaires qui ont le plus de contact avec elle, la gendarmerie et la garde républicaine avaient, depuis trois jours aussi, reçu l'ordre de se tenir prêts à la première réquisition. On *prétextait* de la présence à Paris d'un grand nombre de forçats, de la venue des réfugiés de Londres et de Genève, et d'une levée de boucliers dans le parti révolutionnaire. Cela justifiait les précautions prises, et c'est tout ce qu'il fallait. A l'Elysée (il y avait bal) vers dix heures,

Louis Napoléon, adossé à une cheminée, appelle d'un signe le colonel Vieyra, nommé la veille chef d'état-major de la garde nationale.—Colonel, lui dit-il en souriant, êtes-vous assez maître de votre visage pour n'y rien laisser voir d'une grande émotion?—Je le crois, mon prince.—Bien. Alors c'est pour cette nuit. Vous n'avez pas bougé. C'est bien, vous êtes fort. Pouvez-vous me répondre que demain le rappel ne sera battu nulle part et qu'aucune convocation de la garde nationale n'aura lieu?—Très-facilement, pourvu que j'aie assez d'ordonnances à ma disposition.—Voyez pour cela le ministre de la Guerre. Partez maintenant, mais pas tout de suite, on croirait que je vous ai donné un ordre...

" Au même moment (vers minuit) arrivait à l'imprimerie nationale pour assurer l'impression des proclamations, la 4e compagnie du 1er bataillon de gendarmerie mobile, commandée par le capitaine Laroche d'Oisy, à qui une lettre du ministre de la guerre enjoignait d'obéir passivement au directeur. Les armes furent chargées en silence, les soldats apposés aux portes, aux fenêtres, dans les corridors et la consigne donnée. Elle était simple. Fusiller tout ce qui tenterait de sortir ou d'approcher d'une fenêtre. Rien de plus clair et de plus nécessaire aussi. Toutes les pièces du Coup d'Etat étaient là; c'est-à-dire, toutes les pièces de conviction écrites de la main du Président et contresignées par deux ministres et le préfet de Police...

" A trois heures du matin, M. le maréchal Magnan, commandant de l'armée de Paris, recevait du ministre de la guerre les ordres officiels...

" A cinq heures la petite *porte de l'Assemblée* de la

rue de l'Université avait été ouverte ; et le 42e de ligne, son vaillant colonel Espinasse en tête, grossi de détachements de chassseurs et de gendarmes, conduits par le commisaire de police Bertoglio, occupait *silencieusement* les cours et interceptait toute communication au dehors. M. de Persigny présidait à cette opération...

" Pendant que tranquille de ce côté là, M. de Morny s'installait au lieu et fonctions de M. de Thorigny, et entrait en besogne en dictant au secrétaire établi de son prédécesseur sa première circulaire aux préfets, les commissaires de police de Paris et de la banlieue se réunissaient à la préfecture où M. de Maupas les avait mandés pour cinq heures... (Après l'Assemblée occupée, il fallait arrêter les principaux représentants.) Seize des commissaires les plus habiles furent nominativement chargés d'aller saisir et conduire à Mazas, MM. Thiers, Baze, Roger du Nord, Charras, Nadaul, Cholat, Valentin, Greppo, Miot, Lagrange, Baune, les généraux Changarnier, Lamoricière, Cavaignac, Bedeau et Leflô... "

C'est assez. Appelons le second.

Votre nom ? — Granier (de Cassagnac) sauf la loi des titres, député au Corps Législatif, auteur du *Récit authentique et complet des événements de Décembre*, etc.— C'est bien : dites ce que vous savez de l'arrestation des représentants.

(Page 5, chapitre VII et suivants.) :

—" Tous les détails que nous allons donner à cet égard sont scrupuleusement exacts, ayant été relevés sur les pièces officielles...

"M. le général Bedeau habite, rue de l'Université, 60, une maison considérable, où il y a plusieurs escaliers

Le commissaire étant jeune ignorait quel était celui qui conduisait à l'appartement du général, et à quel étage cet appartement était situé. Il fallait agir avec adresse auprès du concierge. Le commissaire y entra seul. Le concierge refusa d'indiquer le logement, disant: "Je ne vous ai jamais vu venir chez le général; par le temps qui court, il faut se méfier des rôdeurs de nuit." Il finit par céder et guida le commissaire.

"Le domestique accourt, et entr'ouvre la porte; le commissaire le pousse et se porte en avant. Le domestique se sauve épouvanté; le commissaire le suit, arrive près du général et lui fait connaître son mandat.

"Le général fut atterré. Bientôt, se remettant de sa surprise, il protesta, cria à la violation de la Constitution, et dit au commissaire: "Vous vous mettez hors la loi. Vous ne devez pas oublier que je suis représentant du peuple, vice-président de l'Assemblée. Vous ne pouvez m'arrêter, puisque vous ne constatez pas le flagrant délit."

"Il protesta ensuite qu'il ne conspirait pas et demanda le nom du commissaire. Il lui dit qu'il l'avait vu honorablement cité dans les journaux, que cela l'étonnait d'autant plus de voir qu'il avait pu arrêter le général Bedeau, le vice-président de l'Assemblée, le soldat qui avait versé son sang pour la cause de l'ordre, lui qui savait jouer sa vie et qui aurait déjà pu, s'il en eût eu l'intention, en renverser quelques-uns.

"Le commissaire lui répondit qu'il n'avait pas à commenter son mandat, mais à l'exécuter; que si le général savait jouer sa vie, il était décidé, lui, à faire le sacrifice de la sienne pour l'accomplissement de ses devoirs; qu'il fallait qu'il se soumît sans violence, ou qu'autrement il se verrait forcé d'employer les moyens extrêmes.

"Il ordonna au général de se lever. Le général fit sa toilette avec une lenteur désespérante. Au moment de partir, le visage du général devint sombre et colère. Il s'adossa à la cheminée et dit : "Maintenant, je ne partirai pas. Je ne sortirai que si vous m'emmenez comme un malfaiteur, que si vous m'arrachez de chez moi, que si vous osez me saisir au collet, moi, le vice-président de l'Assemblée nationale.

"Alors le commissaire le saisit. Le général fit la plus vive résistance. On le porta dans la voiture. Il criait : "A la trahison! aux armes! Je suis le vice-président de l'Assemblée, et on m'arrête!" Tout fut inutile! la voiture partit, et les sergents de ville la suivirent.

"Arrivé à Mazas, il apostropha un peloton de gardes républicains, qui restèrent sourd à ses paroles.

"Au greffe, le général Bedeau rencontra les généraux Leflô, Changarnier, Lamoricière et Cavaignac, et il embrassa ce dernier."

C'est acquis, vous pouvez vous retirer. Introduisez le troisième, M. le vicomte La Guéronnière, Conseiller d'État, auteur de *Napoléon III*, écrivain public et assermenté près des Tuileries, rédacteur particulier des pamphlets impériaux, plume ordinaire de Sa Majesté déjà nommé. Dites-nous ce que devient la majorité de cette Assemblée dont la minorité est à Mazas.

(Page 170 et suivantes) :

—"L'Assemblée Législative crut devoir à sa dignité de ne pas tomber sans protester. Les représentants essayèrent de se réunir sur divers points, la réunion de la mairie du dixième arrondissement qui fut la seule importante et significative, peut être considérée comme le dernier acte du régime Parlementaire. On sait ce qui arriva. Deux cents représentants environ, appartenant pour la plupart à la majorité, s'étaient ralliés à la mairie du dixième arrondissement, sous la présidence de M. Benoît d'Azy. Quant à M. Dupin, il s'était considéré comme prisonnier dans son palais. Une délibération suprême s'était ouverte au milieu des émotions les plus vives. On avait voté la déchéance du président :

" Vu l'article 68 de la constitution.....

" Attendu que l'assemblée nationale est empêchée par la violence de remplir son mandat :

" Décrète :

" Louis Napoléon Bonaparte est déchu de ses fonctions de président de la république, les citoyens sont tenus de lui refuser obéissance, le pouvoir exécutif passe de plein droit à l'assemblée nationale.

" Les Juges de la Haute Cour Nationale sont tenus de se réunir immédiatement à peine de forfaiture, pour procéder au jugement du président et de ses complices.

" En conséquence, il est enjoint à tous les fonctionnaires et dépositaires de la force et de l'autorité publique d'obéir à toute réquisition faite au nom de l'assemblée nationale sous peine de forfaiture et de haute trahison.

" Fait et arrêté à l'unanimité en séance publique, le 2 Décembre 1851.

" Signé Benoît d'Azy, président.—Vitet vice-président ; Moulin et Chapot, secrétaires."

" On avait investi ensuite le général Oudinot du

commandement de l'armée. Tout à coup on annonce l'arrivée de la troupe. Cette assemblée déjà mutilée et déchue se drape majestueusement dans son droit, Messieurs, s'écrie le président, songez que l'Europe vous regarde et que la postérité vous jugera. Un caporal se présente, on lui oppose la constitution. Un officier arrive, on lui lit l'article 68 de la constitution; mais la discipline qui est la *constitution* des soldats leur dit d'obéir et de marcher. Les représentants sont arrêtés, placés entre une double haie et conduits ainsi jusqu'à la caserne du quai d'Orsay... Un tableau pénible que celui de ces deux cents représentants faits prisonniers par une compagnie de voltigeurs, enfermés dans une caserne et emmenés dans des voitures cellulaires à Vincennes. Des hommes illustres, des généraux, des orateurs, des jurisconsultes qui n'avaient jamais servi leur pays qu'avec noblesse, quelques-uns avec éclat, étaient traités comme des factieux !... (six ex-ministres du Président même, Odillon-Barrot, Dufaure, Bixio, Buffet, de Falloux, de Tocqueville; son ex-général à Rome, Oudinot de Reggio; son ex-défenseur à la Cour de Paris, Berryer; toute la fleur du parti de l'ordre, de Broglie, de Beaumont, Duvergier de Hauranne, de Luynes, Coquerel, de Kératry, de Sèze, de St. Priest, de Lasteyrie, de Lafayette, etc.) C'était d'ailleurs la place la plus honorable pour ceux qui n'étaient pas avec l'Élysée; et M. le comte de Morny le reconnaissait lui-même, en donnant l'ordre de leur arrestation; il disait : "Si je n'avais pas été dans le coup d'état, j'étais capable d'aller à la mairie du dixième arrondissement."

Asseyez-vous, faites entrer le dernier. Au dernier les bons. M. le capitaine Hippolyte de Mauduit, chevalier de la légion d'honneur, rédacteur en chef de la *sentinelle de l'armée*, auteur de la *Révolution militaire du 2 Décembre*, avec cette épigraphe: "*Qui sait seigner l'armée la retroure au besoin.*"

(Page 99, Chapitre XV.):

"Le mardi 2 Décembre à huit heures du matin, je lus le décret suivant:

"Au nom du peuple français, le Président de la République décrète:

"Article 1er. L'Assemblée nationale est dissoute.

"Article 2. L'État de siège est établi dans l'étendue de la première division militaire.

"Article 3. Le Conseil d'Etat est dissous.

"Le ministre de l'intérieur est chargé de l'exécution du présent décret.—Napoléon."

"Cependant, les représentants de la montagne s'étaient formés en convention permanente dans l'un des cafés socialistes du faubourg St. Antoine, au nombre d'environ soixante; et du café du peuple sortit grossièrement autographié, un placard, le manifeste destiné à faire prendre le fusil à l'armée démagogique contre l'audacieux lacérateur de cette infortunée constitution de 48. Mais le peuple du faubourg Saint Antoine resta sourd à cet appel emphatique des vingt-deux Brutus, qui seuls sur soixante et quelque présents, se permirent l'apposition de leurs noms au bas de cette fanfaronnade révolutionnaire; et de ces vingt-deux Brutus, combien se présentèrent-ils tête levée et drapés dans leur écharpe sur le champ de bataille?..... Ils étaient au nombre de trois: les citoyens Baudin, Schœlcher et Madier de Montjau..... Les ouvriers du faubourg les forcèrent à descendre dans la rue pour donner l'exemple et payer aussi de leur personne…."—Quelque soit le charme de votre langue, abrégeons !

" Les trois plus crânes de cette convention au petit pied se ceignirent de leurs insignes…. et parodiant le serment des Horaces.."—Encore une fois, au fait !

" Le citoyen Baudin tomba frappé d'une balle qui, entrée par la nuque, sortit par le nez. Il fut renversé au milieu même des soldats qui aussitôt enlevèrent la barricade, mais sans résistance…. La mort du citoyen Baudin fut instantanée ; les soldats ne relevèrent qu'un cadavre horriblement défiguré qu'ils prirent d'abord pour un commissaire de police à raison de son écharpe."

Voilà un représentant tué. Résumons : un tué, seize prisonniers à Mazas, 230 à Vincennes.—Ajoutez 88 expulsés, reprend le témoin.

C'est acquis sur ce point encore, la représentation a eu le sort de la constitution. Passons au peuple ! n'a-t-il pas été victime aussi ?

Mais, s'écrie M. Bodkin, qui trouve réponse à tout, c'est son état, ces témoins sont trop amis, ils font du zèle. Rien n'est plus dangereux qu'un maladroit ami ! On n'est jamais trahi que par les siens. Je récuse encore.

Soit, entendons les indifférents. Qui peut l'être ? les impartiaux autant que possible, les désintéressés de nation comme de parti, les étrangers à la France comme à la question. Prenons au hazard, s'il vous plaît, un des compatriotes de M. Bodkin, un militaire anglais, un capitaine, témoin oculaire, qui habitait alors Paris.

(*Times*, 18 décembre.) :—" A deux heures et demie, le 4 décembre, on entendait distinctement le canon dans la direction du Faubourg St. Denis; à trois heures, je me plaçai sur le balcon de mon appartement, avec ma femme, pour voir les troupes. Les boulevards, aussi loin que l'on pouvait atteindre, en étaient couverts, artillerie, infanterie et cavalerie. (L'armée de Paris avait 60,000 hommes, un peu plus que celle de l'Inde.) Les officiers fumaient leurs cigares, les fenêtres étaient garnies de spectateurs. Femmes, enfants, servantes, locataires des appartements et aussi les commerçants qui tous avaient fermé leurs boutiques. Soudain, et tandis que je regardais attentivement avec ma longue vue les troupes les plus éloignées vers l'extrémité du boulevard Bonne-Nouvelle, quelques coups de fusil partirent de la tête de la colonne, composée d'environ 3,000 hommes. En peu de moments le feu se propagea, descendit le boulevard comme un rideau de flammes ondulant. Cependant il était si régulier que je le pris d'abord pour un feu de joie célébrant la prise de quelque barricade, ou pour un signal destiné à indiquer la position des troupes à quelque autre division. Ce ne fut que lorsqu'il arriva à une cinquantaine de mètres de moi, que je reconnus le son tranché de cartouches à balle; mais alors même je pouvais à peine en croire mes oreilles, car, pour celui de mes yeux, il m'était impossible de découvrir aucun ennemi sur lequel on pût faire feu. Je continual de regarder les soldats jusqu'à ce que la compagnie, placée au-dessous de moi, apprêtât les armes, et qu'un coquin plus vif que les autres, un jeune homme sans barbe, m'eût ajusté. En un instant, je poussai ma femme, qui venait de rentrer, contre le massif entre les deux fenêtres; et une balle qui frappa le plafond au-dessus de nos têtes nous couvrit de poussière et de morceaux de plâtre. Une seconde après, je fis coucher ma femme sur le parquet, et une autre décharge frappa toute la façade de la maison, le balcon et les fenêtres. Cinq balles entrèrent dans la chambre. Tandis qu'on rechargeait les armes, j'entraînai ma femme et me réfugiai avec elle dans la chambre de derrière de la maison. Le retentissement de la fusillade ne cessa pas pendant plus d'un quart d'heure. Quelques minutes après, les canons furent démasqués et pointés contre le magasin de M. Sallandrouze, cinq maisons plus bas à notre droite.

"Le but ou la justification de tout cela était une parfaite énigme pour tous ceux, Français comme étrangers, qui étaient dans la maison. Quelques-uns s'imaginaient que les troupes avaient tourné et se joignaient aux *Rouges*, d'autres disaient qu'il fallait qu'on eut tiré de quelque part, quoique cela ne put être venu d'aucune maison du boulevard Montmartre, car nous l'eussions certainement vu du balcon. En outre, dans les dispositions où se trouvaient les soldats, si cela eut été vrai, ils n'auraient certainement pas attendu le signal de la tête de colonne placée à plus de 800 mètres de distance. Il faut que cette fusillade de gaîté de cœur ait été le résultat d'une panique, et que les soldats aient voulu effrayer par un premier feu dans la crainte que les fenêtres ne fussent garnies d'ennemis cachés,—ou qu'elle ait été le résultat d'une impulsion sanguinaire,—double hypothèse également déshonorante pour eux, comme soldats dans le premier cas, comme citoyens dans le second ; à titre de militaire c'est avec le plus profond regret que je me sens forcé d'admettre la dernière opinion.

,"La troupe, comme je l'ai déjà dit, a fait décharge sur décharge pendant plus d'un quart d'heure, sans qu'on lui ait aucunement riposté. Ils ont tué beaucoup de malheureux qui étaient sur les boulevards, parce qu'on ne voulait les recevoir dans aucune maison. Plusieurs personnes ont été tuées sur le seuil de leur porte. Le sang de ces victimes remplissait encore les cuvettes creusées autour des arbres, le lendemain vers midi quand j'y passai. Les boulevards et les rues adjacentes étaient çà et là de véritables abattoirs. Ce tableau restera gravé par la bayonnette dans le cœur des habitants de ce quartier de Paris, qui pour l'avenir ne peut que redouter la protection des propres soldats de la France.— *Signé :* William Jekel.— Ingatestone Cottage.—Essex."

Le peuple a donc été massacré et massacré sans raison, d'après ce témoin qui ne peut clairement s'expliquer pourquoi. Rappelons Meyer :

(Page 56.) :—"En somme, tout commentaire est inutile ; il fallait, sous peine de défaite honteuse et de guerre civile, ne pas seulement prévenir, mais épouvanter. En matière de coup d'état on ne discute pas, on frappe ; on n'attend pas l'ennemi, on fond dessus, on broie ou on est broyé."

(Pièces à l'appui.) :
—" Art. premier. Le stationnement des piétons sur la voie publique et la formation des groupes sont formellement interdits. Ils seront, sans sommation, dispersés par la force des armes.—*Signé :* Maupas, Préfet de Police, 4 décembre 1851."

" Tout ce qui résiste doit être fusillé.—*Signé :* St. Arnaud, Ministre de la Guerre."

C'est entendu.—Et maintenant, demandons à M.

Bodkin combien il faut de meurtres pour faire un assassin?

Assassinat un des mots les plus énormes de la langue pour exprimer la plus énorme des choses! A-t-il une syllabe de moins, en gros qu'en détail, commis par Bonaparte ou par Orsini? Le code pénal français définit l'assassinat ordinaire un meurtre, (un seul) commis avec préméditation et guet à-pens, ce que vous appelez *wilful murder*, félonie. Suivant la loi anglaise ou française avons-nous donc calomnié cet empereur en l'appelant assassin? M. Bodkin plaide-t-il encore *not guilty?* Nie-t-il encore la félonie de l'empereur. Chicane-t-il sur le titre, sur le nombre? Tout rentre dans la définition, mesures secrètes, surprises nocturnes, extermination. Voyons! qu'il nous dise combien il lui faut de corps pour faire un empereur assassin?

Voici le chef du bureau de la salubrité publique avec son rapport officiel:—"Relevé total du nombre des morts pour Paris seulement, (on n'a pas compté ailleurs):—191."

Est-ce assez? Mais enfin que M. Bodkin prenne garde! qu'il ne défende pas plus l'innocence de son client, pas plus que ne veut le client lui-même! car il avoue, lui aussi..... *Habemus confitentem reum.* Nous l'appellerions, lui ou son représentant Pélissier, qu'ils ne viendraient pas; mais nous avons sa parole, si on peut s'y fier, sa bouche, le *Moniteur*, il n'y a que M. Bodkin qui ne puisse refuser d'y croire. Nous avons son fameux pamphlet ci-dessus qui admet 160 morts.... trente de moins il est vrai, mais encore plus qu'Orsini, n'est-ce pas? Et c'est assez, pour faire d'un empereur un assassin et d'un assassin un empereur.

Mais ce n'est pas seulement notre avis; c'est aussi celui des compétents et cela s'appelle un arrêt, un arrêt de la haute cour, de la cour de cassation. C'est plus qu'une opinion, c'est une sentence; il y a jugement rendu. Vérifions! Les juges qui l'ont jugé, jugent pour lui à cette heure. Rappelons Meyer ou Granier:

—"La Haute Cour s'étant réunie le 2 décembre au Palais de justice, où elle avait rendu cet arrêt: " En vertu de l'article 68 de la constitution, la Haute Cour de justice déclare Louis-Napoléon Bonaparte atteint du crime de haute trahison, etc.—*Signé:* Hardouin, Président, De la Palme, Pataille, Moreau, Juges, Cauchy, Greffier..." deux commissaires de police appuyés d'un bataillon de garde municipale entrèrent dans la salle des séances et exhibèrent l'ordre d'arrêter les membres de la cour, si elle ne se séparait immédiatement. Aucune résistance ne fut opposée, la cour se leva et se sépara à l'instant même."

Qu'en disent M. Bodkin, M. Jardine, Lord Campbell, Sir Rethell et les cinq juges et toute la justice?

Nous avons enfin pour dernière preuve un aveu formel du crime dans le discours du 31 Décembre où non seulement le coupable ne s'en défend pas, mais encore s'en vante ainsi:

—" Messieurs, la France a répondu à l'appel loyal que je lui avais fait. Elle a compris que je n'étais sorti de la légalité que pour rentrer dans le droit. Plus de sept millions de suffrages viennent de m'absoudre."

Est-ce clair? point d'absolution sans crime. Le crime, c'est ce que nous voulions établir avant la peine. Mais cette fois M. Bodkin nous tient. Il nous attendait à l'absolution! nous ne la débattrons pas. L'absolution est autre chose que le crime et le prouve même comme la confession. Savoir ensuite si absolution il y a; si quand on peut prendre la liberté ou la vie des gens, on ne peut pas prendre leur vote; si enfin tous les votes du monde peuvent rien dans la question; s'ils peuvent empêcher le parjure d'être parjure, l'assassin d'être assassin et si la peur des victimes peut absoudre le tyran.

Mais nous admettons que le vote l'ait absous. Orsini du moins n'a pas voté; Rome n'a pas voté; et Bonaparte a tué la république romaine comme la république française. Il a violé la constitution au 13 Juin comme au 2 Décembre et le peuple romain ne l'a pas élu, comme le peuple français; il n'a pas été absous en Italie comme en France, et il a été félon à Rome comme à Paris, aussi traîtreusement, avec la même préméditation et le même guet-à-pens. En voulez-vous la preuve? M. Bodkin récusera sans doute encore la parole de Mazzini, de Ledru-Rollin et des autres représentants qui ont protesté le 13 Juin avec lui. Interrogeons de nouveau les gens de l'adversaire, confrontons son ex-ambassadeur M. Lesseps et son ex-général M. Oudinot. Ils vous diront qu'ils avaient reçu chacun des ordres contraires, l'ambassadeur suivant l'article de la constitution et le vote de l'assemblée qui défendaient toute guerre contre la liberté de Rome; le général selon les vues du Président qui voulait restaurer le Pape, de vive force, malgré l'Assemblée et la Constitution; le général attaquant donc pendant que l'ambassadeur négociait, ce que M. Lesseps a dit sans réplique dans son Mémoire au Conseil d'Etat, où il rend compte de sa mission et montre aux plus aveugles que l'assassin du peuple français a été l'assassin du peuple romain.

Voilà ce que nous avons dit, nous aussi, ni plus ni moins; et nous l'avons prouvé apparemment. Le mensonge, la fausseté et la calomnie ne sont donc pas de notre côté! Bonaparte a donc bien attenté à l'existence de deux républiques, au droit et à la vie de deux peuples. Tous les verdicts et les votes n'y peuvent rien changer. Bonaparte est donc un empereur assassin, un tyran dans toute la vieille et pire acception du mot. La question de Fait est résolue. Reste la question de Droit.

III.
Question de Droit.

Que fait-on d'un assassin? D'après le droit ou la coutume, on ne l'assassine pas, on l'exécute. Il y a chez tous les peuples civilisés un fonctionnaire public *ad hoc*, chargé exclusivement de cette œuvre, bonne ou mauvaise, nous ne discutons pas là, nous constatons. La société qui pourrait selon nous, buveurs de sang, se défendre d'un simple coupable autrement que par le meurtre, délègue sa justice et sa force à un exécuteur qui tue pour tous. Voilà contre l'assassin ordinaire. Mais contre l'assassin qui est empereur, qui a le bourreau sous lui, qui dispose de la force et domine la justice par le crime? Contre le tyran quel est le droit?

A cette question M. Bodkin crie de plus belle, et nous accuse de prêcher l'horrible doctrine du régicide, l'abominable théorie de l'attentat, théorie anti-naturelle, anti-sociale, anti-morale, anti-religieuse, anti-historique, anti-anglaise, toute sorte d'*anti*, doctrine insensée et inhumaine, autorisant le premier venu se croire juge du prince, à substituer la fantaisie privée à la justice publique, détruisant ainsi toute autorité et toute liberté.

D'abord, nous n'avons prêché aucune doctrine, nous n'avons point fait de théorie, nous sommes déjà vieux et nous n'avons pas de temps à perdre. Nous docteurs du régicide, professeurs d'attentat ! Ici, chez vous? Pourquoi? Nous pensions votre éducation faite. Dans un pays où, comme dit le *Times*, la royauté est un pouvoir inerte, l'aristocratie un pouvoir intermittent, où le vrai pouvoir, en dépit de sa forme monarchique, est au fond républicain, le *tyrannicide* serait malade et vous auriez raison de mettre à Bedlam les fous qui s'en prendraient aux innocents. Aussi nous avons publié notre lettre en français, adressée au Parlement, il est vrai, mais écrite pour l'hôte des Tuileries. Nous n'avons traité que le fait impérial ; nous avons expliqué tout bonnement l'attentat par le Coup d'État. Nous avons même été jusqu'à les comparer et les confondre dans une sorte d'homéopathie, quoique le remède, au moins par l'intention, soit toujours différent du mal. Nous avons déploré ce flux et reflux de sang dont la responsabilité doit peser sur celui qui pousse la première vague de cette affreuse marée. Nous avons montré le 14 janvier résultant du 2 décembre et du 13 juin, de ce qu'on appelle la force des choses... contact des extrêmes, neutralisation de poisons. Nous en avons fait un cas particulier n'ayant rien de général, rien d'Anglais surtout. La tyrannie, à cette heure ne vous regarde plus du tout ; celle de Bonaparte encore moins qu'une autre. Les Bonaparte ne sont pas des tyrans ordinaires, Dieu merci pour les peuples ! L'oncle appelait les autres rois des cochons à l'engrais. Ne calomnions personne ! les plus gras constitutionnels se contentent de millions da is l'auge. Le Bonaparte barbotte l'or avec le sang. Donc quand lord Derby demandait ce que dirait l'Angleterre si on attentait à la vie de la reine comme à celle de l'empereur, il faisait à Victoria une injure gratuite qu'elle ne méritait par aucun coup d'état. Depuis deux siècles vous avez réglé le compte de la royauté et mis bon ordre aux tyrans. On peut même dire que c'est vous qui avez les premiers professé la théorie et enseigné la pratique ; que c'est vous qui avez montré aux peuples ce qu'ils pouvaient faire des rois au mois de janvier ; que c'est vous qui nous avez appris à manger de la tête de veau en réjouissance de certain jour où tomba certain front couronné. Depuis deux siècles vous ne croyez plus au droit divin de la tyrannie, aux pouvoirs mystiques et théocratiques. Vous avez ramené votre royauté au positif, à des conditions plus terrestres et à des clauses résolutoires toutes humaines. La hache de Cromwell a tranché la question ; et vous venez d'abolir jusqu'à l'expiation de ce juridique attentat.

Mais vous avez aussi touché le poignard quand vous n'aviez pas la hache. — "L'assassinat même, dit le *Daily News*, n'a pas toujours été odieux aux Anglais, quoiqu'on dise. Babington et ses complices, dans le complot contre Élisabeth, étaient Anglais. Sydenham et autres, dans le complot contre Cromwell, étaient Anglais. Les conspirateurs du complot des poudres, Anglais ; ceux du complot de Rye-House, Anglais ; Sir John Field et autres, contre Guillaume III, Anglais. Sous Charles II, des presbytóriens subirent la torture et la mort même, plutôt que de condamner les assassins d'un évêque. Ainsi nous voyons que dans notre propre pays et dans un temps assez voisin, on trouve non-seulement des hommes qui ont commis l'assassinat politique, mais encore des hommes qui n'ont pas voulu le punir... On a cessé d'être assassin politique ou d'être sympathique à l'assassinat, parce que le milieu social est si changé qu'on ne sent plus le moindre besoin de le commettre. Il est à craindre que notre vertu sur ce point ne soit due en grande partie à notre peu de tentation. Aucun Anglais de nos jours n'a connu la lutte de ceux qui, outrés d'offense et ennemis de l'homicide, n'ont pourtant pas d'autre moyen de salut. Que l'empereur des Français, que tous les despotes du monde profitent de cette leçon d'histoire !... Le tyran et l'assassin devant être leurs propres médecins. Notre système de gouvernement a banni l'assassinat politique de l'Angleterre ; laissons les autres s'en débarrasser comme nous."

Ainsi vous avez fait et bien fait vos affaires, laissez nous faire les nôtres. Si donc, nous voilà en plein dogmatisme, si nous allons discuter les principes, argumenter *in barbard*, raisonner à perte de vue en pédants du droit et du meurtre, vous assommer de maximes et vous tuer de citations, vrais assassins que nous sommes, la faute en est à M. Bodkin qui croit bon d'attaquer le sens commun. Puisque là aussi il nie la vérité, nous devons la soutenir; nous devons lui répondre encore là complétement ; lui prouver supérieurement, que là encore nous pouvons changer de rôle, que toute l'erreur est toujours avec lui, que c'est sa doctrine à lui, qui n'est pas plus humaine

qu'elle n'est anglaise, pas plus sociale qu'historique;
ni morale ni religieuse, ni naturelle ni rationnelle,
absurde de tout point.

En effet, elle encourage non-seulement le crime,
mais encore elle le pousse à l'extrême; elle lui dit
tout net : si tu n'es qu'un simple crime, si tu détailles,
si tu ne tues qu'un homme par hazard, si tu ne prends
qu'une bourse en passant, tu seras justiciable de la
loi, condamné et puni. Mais si tu te fais énorme, si
tu assassines en masse et voles en gros, si tu verses le
sang à flots dans la rue, si tu prends l'or au tas, pu-
bliquement, si tu violes en armes suffisantes et en
nombre imposant le sanctuaire même de la loi, alors
tu deviens sain et sauf. Tout-puissant tu es innocent.
Nul n'a plus droit sur toi, tant que tu as la force. Il
n'y a plus pour t'atteindre qu'une révolution possible
dans une quinzaine d'années et au prix d'un millier
d'hommes. Jusque-là, et avec cette prime payable
non d'avance, tu es assuré à la mutuelle des rois; et
quiconque réclame ou tente justice contre toi est un
assassin et un scélérat, un faiseur ou un prêcheur
d'attentat, un ennemi de la religion, de la morale et
de l'humanité.

Quelle humanité? Quelle morale? Quelle religion?
Celles de M. Bodkin et de son client qui à eux deux,
Dieu soit loué! ne sont pas le genre humain tout
entier. Consulter l'humanité entière, c'est un peu
difficile et ce serait long ! Mais prenons ses meilleurs
interprètes, ses plus dignes organes, ceux qui peuvent
parler pour elle, élus par leur génie, avoués par sa
reconnaissance ou son admiration, les philosophes qui
représentent sa raison, les poètes qui représentent sa
conscience, tous anciens et modernes sont d'accord

contre lui et d'accord avec nous. Si notre lettre a eu l'honneur d'être traduite dans toutes les langues; si elle a fait son tour d'Europe comme de France; si même elle a été vendue à cent mille exemplaires dans une seule ville d'Amérique, c'est que nous étions moins inhumains que ne dit M. Bodkin; c'est que nous n'avons été au contraire que la voix de l'opinion, des échos et non des auteurs; c'est que nous n'avons eu que le mérite de la fidélité et de la franchise; c'est que, si vous deviez juger tous les auteurs de cette lettre, il faudrait non pas une sellette, mais une banquette; il faudrait tenir les Assises en plein air, non pas au Banc de la Reine, mais dans Hyde-Park, dans une autre Vallée de Josaphat; citer, non-seulement nos trois humbles personnes, mais les morts comme les vivants, les penseurs de tous les partis et de tous les âges, les maîtres de la science antique et nouvelle, sacrée et profane, depuis la Bible qui veut dent pour dent, jusqu'à la Déclaration des Droits que proclame l'insurrection un devoir. Ce serait une banquette bien composée, où la qualité vaudrait la quantité, qui romprait sous le poids, gloire et nombre. Ce serait le procès même de l'esprit humain.

Oui, nous disparaissons, comme dit *l'Advertiser*, nous nous effaçons, nous nous évanouissons, avec notre pauvre petite lettre derrière tous nos complices, les plus grands hommes et les plus gros livres, sans compter les plus gros et grands journaux, derrière tous ces immenses coupables qui l'ont commise avant nous, en vers et en prose, en tomes et en feuilles, en tous lieux, en tout temps; et nous demandons si vous pouvez défendre aux nains ce que vous avez permis aux géants; et s'il serait loyal d'empêcher dans notre langue ce que vous a laissé dire dans la vôtre, depuis que vous parlez.

Oui, vous avez à accuser avant nous, nous dénonçons comme le *Morning Post*, un nommé Shakespeare qui appelle Brutus le plus honnête des Romains et qui a dit de lui: " C'était un homme."

Vous avez à juger un sieur Milton qui a dit de tuer non seulement tous ceux qui sont rois, mais encore tous ceux qui peuvent l'être, et qui ne s'est pas contenté de dire.

Vous avez à condamner les premiers publicistes comme les premiers poëtes, Montesquieu qui a dit: " Le crime de César n'était-il pas hors d'état d'être puni autrement que par un assassinat."

C'est aussi la faute de Voltaire et de Rousseau..... —Pourquoi pas Robespierre et Marat, et toute la convention dira M. Bodkin. Il nous passerait peut-être Marat pour avoir Corday. Mais arrière les philosophes, les révolutionnaires, tous plus ou moins régicides! Place aux jésuites, au Père Suarez: " *Potest tyrannus quœcumque privato interfici*"... aux royalistes, à l'oracle même de l'absolutisme, M. de Maistre qui dit dans son livre du Pape: "Lorsqu'on parle de *despotisme* et de *gouvernement absolu*, on sait rarement ce qu'on dit. Il n'y a point de gouvernement qui puisse tout. En vertu d'une loi divine il y a toujours à côté de toute souveraineté une force quelconque qui lui sert de frein. C'est une loi, c'est une coutume, c'est la conscience, c'est une tiare, c'est un poignard; mais c'est toujours quelque chose.

" Louis XIV s'étant permis un jour de dire devant quelques hommes de sa cour, *qu'il ne voyait pas de plus beau gouvernement que celui du Sophi;* l'un d'eux, c'est le maréchal d'Estrées, si je ne me trompe, eut le noble courage de lui répondre : *Mais, sire, j'en ai vu étrangler trois dans ma vie.*

"Partout où le souverain exerce le droit de punir directement, il faut qu'il puisse être jugé, déposé et mis à mort ; et, s'il n'y a pas un droit fixe sur ce point, il faut que le meurtre d'un souverain n'effraie ni ne révolte aucunement les imaginations ; il faut même que les auteurs de ces terribles exécutions ne soient point flétris dans l'opinion publique, et que des fils organisés tout exprès consentent à porter les noms de leurs pères. C'est ce qui a lieu, en effet ; car tout ce qui est nécessaire existe."

Mais suivant M. Bodkin, les jésuites qui ont tué Henri ne valent pas mieux sans doute que les révolutionnaires qui ont tué Louis, *ultras* des deux parts. Voici les constitutionnels, M. Brofferio qui disait aux Chambres sardes : "Le 2 décembre a produit le 14 janvier... Pour supprimer cette apologie, il faudrait supprimer tous les poëtes, tous les philosophes, tous les orateurs. Cicéron dit que ce n'est pas un crime que de tuer un tyran. Lamartine dit à son tour que le poignard est le coup d'État du peuple. Je ne citerai ni Plutarque, ni Machiavel, ni Coletta, mais le bon Muratori qui approuve le tyrannicide. Je ne citerai ni Alfieri, ni Foscolo, ni Monti, mais Pétrarque et Dante, les saints pères, Grégoire le Grand, Saint Thomas qui soutiennent tous que ce n'est pas un acte séditieux que de s'opposer à une tyrannie injuste. Quelles lois les princes font-ils pour défendre les peuples ? Je suis prêt à sanctionner une loi qui protége la vie des rois et des empereurs, si l'on en présente une autre qui protége les peuples contre un

2 décembre. Machiavel dit qu'aucun tyran ne peut se garantir du fer d'un citoyen, s'il ne dépose la chlamyde.

"Que veut dire *assassinat politique?* L'acte d'un prince qui manque à ses devoirs, qui gouverne par l'espionnage et s'élève par le sang, n'est-il pas un assassinat politique? Qu'est-ce qu'au contraire que l'acte des Brutus, des Pélopidas et des Tell? ces hommes ne sont-ils pas les libérateurs de leur patrie?"

M. Solar de la Marguerite, député de la droite, dit comme celui de la gauche: "La tyrannie est exécrable; le tyran est hors la loi; contre lui la rébellion n'est plus rébellion, c'est la juste résistance de l'humanitée outragée. Un roi peut être tué sans crime s'il use tyranniquement du pouvoir royal: *Non injuste rex potest destrui si potestate regia tyrannice abutatur.*"

Mais voici vos propres représentants, vos ministres mêmes, à commencer par M. Disraéli, qui a dit de Brutus, tout comme Shakespeare: "C'était un héros, c'était un homme."

C'est le poëte qui a dit cela et non le ministre, répond M. Botkin, il l'a dit en vers et se dédit en prose.—Eh bien, voici un pair, lord Brougham, qui n'est pas poëte, un juriste, et qui dit le plus prosaïquement possible: "J'ai été peu surpris que les nègres à bord du *Regina* aient massacré tous les gens de l'équipage moins un, et on est tenté de regretter l'exception." Puis son collègue Lord Grey qui dit encore à la même chambre: s'ils ont été traités en esclaves, jamais hommes n'ont été plus justifiés par les lois divines et humaines à user de la force et à prendre la vie de leurs oppresseurs; et je me réjouis qu'ils aient réussi." Bonaparte est le négrier de la

France ; et ce qui est accordé aux ;noirs peut-il être contesté aux blancs?

Voulez-vous après de telles autorités, celle d'un spécialiste en la matière, l'opinion d'un de vos professeurs de droit sur la question et la lettre même: Voici M. Newman de l'Université d'Oxford ; qui dit : "Cette brochure n'a rien de sanguinaire ni d'inhumain : elle ne fait que revendiquer le droit de défense contre l'attaque, de la guerre contre la guerre, etc."

Mais ce qui est plus fort, toute la sainte alliance, les rois eux-mêmess ont à comparaître avec nous : "Les puissances déclarent en conséquence que Bonaparte s'est placé hors des lois civiles et sociales et que comme ennemi et perturbateur de la paix du monde il est livré à la vindicte commune.... Elles déclarent en outre qu'elles emploieront tous les moyens, etc."

Et voici Bonaparte lui-même qui riposte par ce codicille : "Cantillon avait autant de droit d'assassiner Wellington que cet oligarque de m'envoyer pour y périr, à Ste. Hélène."

Que l'avocat de celui qui a payé les dix mille francs du codicille, refute cela s'il le peut !

Enfin voici quelqu'un qui n'est ni roi, ni empereur, ni républicain, ni proscrit, ni docteur en régicide, ni professeur de droit ou de barricade, ni complice, ni victime du tyran, un des vôtres, membre du jury comme vous sans doute, un propriétaire anglais qui prouve que sans être italien ou français, sans demeurer dans le Soho, sans mériter Cayenne, sans être barbu, démagogue, incendiaire et mormon, on peut être d'un autre avis que M. Bodkin !

(*Morning Advertiser*, 8 Février) :—"Orsini n'était pas un ami du désordre, mais un ennemi de l'oppression comme tout anglais doit l'être, un martyr de la liberté aussi actif, constant et dévoué qu'il s'en puisse voir dans la glorieuse liste des héros du monde, sans en excepter même notre Hampden et notre Elliott... Que ferions-nous d'un homme qui attenterait à notre liberté, liberté que nous n'avons pas même conquise comme les Romains de 48, mais qui nous vient de nos pères? Ne honnirions-nous pas quiconque hésiterait à frapper le tyran? Ne saluerions-nous pas l'homme de cœur qui le premier le tenterait le mieux? Et s'il échouait, d'autres n'essaieraient-ils pas? N'abreuverions-nous pas le sol de notre sang plutôt que de nous soumettre? Et si à la fin le despote vivait et régnait, ne règnerait-il pas sur la tombe des anglais plutôt que sur les anglais eux-mêmes? Or si les anglais estiment la liberté le plus grand des biens, comment refuseraient-ils leurs sympathies à ceux qui en sont privés et qui la désirent et qui jugeant leur action nécessaire pour s'affranchir, en acceptent le danger et la responsabilité?... Que les anglais libres et justes gardent donc leur indignation à celui qui tue pour monter sur le trône, et non à celui qui monte sur l'échafaud pour la liberté; l'un en sureté dans son palais, faisant faire à ses agents l'œuvre homicide, ensanglantant Paris, surpassant tous les conspirateurs et assassins, et après tout cela flétrissant et exécutant l'autre, qui sans ambition ni méchanceté personnelle agit par la seule conviction de délivrer son pays." "P. Stuart, Ditton Lodge, near Warrington."

Oui, M. Stuart a raison, si le malheur voulait que par ruse ou par force, le nombre ou le sort aidant, Bonaparte mît la main sur votre Banque, le scellé sur vos Chambres, Wiseman à St. Paul, Veuillot au *Times* et votre reine à Vincennes, Orsini chez vous s'appellerait légion.

Mais voici le bouquet offert par le *Times* lui-même. L'huître a parfois des perles, quand elle est malade! drôle de corps que ce *Times*, soit dit en passant. Il veut avoir le privilége, le monopole même de battre son monde. Un matin, par exemple, il imprime ceci: "L'empire est un mouchard; l'empire est un traître." Le lendemain, si nous avons le malheur de dire que l'empire n'est pas précisement un honnête homme, le *Times* se fâche et nous renfonce dans le Soho. Il ressemble à Polichinelle qui veut bien tuer M. le commissaire, mais qui ne veut pas qn'on le blesse. Jaloux de son mort! Il continue cette charge toujours avec un nouveau plaisir, pour lui sans doute, sans penser que les plus courtes folies sont les meilleures, et que toujours Soho devient pâté d'anguilles. Mais nons lui passons Soho et même Cayenne pour ce pavé d'ami, une bombe comme celle d'Orsini:

(2 novembre 1852.)—"Le pouvoir qui se place au-dessus des lois appelle des châtiments en dehors des lois. Le tyrannicide, sourd à Dieu et aux hommes, ne voit que le crime, ne considère que la peine. C'est Brutus quand il réussit, c'est un martyr quand il échoue. L'oncle, avec le legs Cantillon, a fourni un terrible argument à ceux qui voudront dépêcher le neveu."

Après le *Times* il n'y a plus rien. Nous avons le dernier mot de l'humanité. Ainsi, comme nous l'avons dit dans notre lettre, c'est bien le *consensus omnium*, l'opinion générale de tous les hommes, démocrates ou royalistes, citoyens ou sujets, libres ou esclaves, grands et petits, immortels ou périssables, astres ou lampions, depuis Shakespeare jusqu'à M. d'Israéli. depuis Montesquieu jusqu'au *Times*, tous, excepté M. Bodkin. Nous croyons même que M. Bodkin serait de notre avis, s'il avait à nous défendre au lieu de nous poursuivre. En tout cas, il n'est pas possible qu'il ait raison contre tout le monde. M. Bodkin, sans doute, ayant ses motifs pour cela, peut trouver que le comble de la folie et du crime est d'affirmer le droit quand même, que le comble de la honte et de l'horreur est pour des proscrits romains, de sauver leur pays au prix de leur tête, et pour des proscrits français de les approuver au prix de leur liberté. Il peut trouver au contraire que le comble de tous les mérites civils et judiciaires est de plaider, avocat anglais, pour un despote étranger, conseil d'une reine constitutionnelle pour un faiseur de coups d'État, homme de loi pour un violeur de constitution, et le tout au risque de gagner quelques cent livres et la croix. A chacun suivant ses œuvres, Nous ne changerons pas notre peine pour son salaire ; et en cas de doute nous aimerions mieux avoir tort comme Shakespeare et Brutus, qu'avoir droit comme Bodkin et César.

Mais notre adversaire a radicalement tort devant la raison. la religion, la morale, comme devant l'histoire et l'humanité. En effet, de sa nature, l'homme n'est pas un pur esprit, l'homme n'est pas un ange, un quaker, un frère morave, un membre de la société des amis, et de la paix à tout prix. Il ne peut, quant à présent rendre la paix pour la guerre. Nous ne connaissons qu'une morale qui ait cette prétention aujourd'hui, morale ultra-évangélique, qui consiste à tendre la joue droite après la gauche, qui nie le droit de résistance et de défense, qui proclame le devoir de soumission et de résignation, qui pousse l'abnégation jusqu'à la destruction même de la personnalité, jusqu'au suicide; morale de secte et non de peuple, religion de moines, raison de Brames, qu'aucune nation chrétienne n'a suivie, puisqu'elles ont toutes admis le soldat et le bourreau, puisqu'elles ont reconnu la guerre et la peine de mort. Nous avons, nous républicains, l'intention d'abolir l'une comme l'autre; mais sans nous contredire, nous avouons, comme vous, qu'on ne peut pas toujours rendre le bien pour le mal; qu'il n'y a point de principe absolu en ce monde, ou plutôt que l'absolu n'existe que pour l'humanité entière, dans l'infini des mondes et des temps; que dans un monde et un temps donné, l'homme est un être relatif et que ses principes sont, comme lui, contingens. Sa vie n'est donc pas plus inviolable qu'elle n'est infinie, sa vie, pas plus que sa liberté. Nous disons liberté, égalité, fraternité; mais l'homme n'est pas libre d'aimer le mal; Bonaparte n'est pas l'égal de Washington; l'esclave ne peut être le frère du maître; et l'opprimé a droit contre l'oppresseur. Le droit de légitime défense est si naturel qu'il est inné même chez les plus faibles, chez les femmes pour mieux le prouver aux hommes, et que Jeanne d'Arc s'insurge quand les chevaliers se rendent, droit humain qui n'est pas purement idéal, mais qui doit se traduire en fait, car l'homme est corps et âme, droit qui s'appelle insurrection, s'il est collectif et s'il est individuel, attentat.

Le droit de légitime défense, qui peut le nier? Les législateurs l'ont consacré. Faut-il citer tous les codes où il est écrit, tous les cas où il est reconnu; faut-il rappeler les exemples d'hommes acquittés non pas seulement pour avoir défendu leur propre vie contre des assassins, mais pour avoir défendu l'honneur de leurs femmes et de leurs filles contre des séducteurs?

Le droit d'insurrection qui peut le nier? Avocats et juges même l'admettent. Jules Favre, le défenseur d'Orsini, ne menaçait-il pas les tyrans d'une catastrophe plus grande que l'attentat? le Juge de Bernard, Lord Campbell n'avouait-il pas que les bombes pouvaient être légitimes en Italie. Mais Bonaparte lui-même n'a-t-il pas usé et abusé de ce droit trois fois, à Rome même où il a laissé mourir son frère contre ce Pape qu'il soutient aujourd'hui, à Strasbourg où il a laissé ses amis devant le jury, à Boulogne où il a frappé le soldat du roi? Mais l'histoire toute entière n'est qu'une longue protestation pour ce droit si certain qu'on en a fait le plus saint des devoirs. La domination qui s'autorise de la supériorité de race, peut passer aux Indes ou aux Antilles, mais à Rome!... Si donc le droit d'insurrection est sacré, qui peut nier enfin le droit d'attentat? Le collectif ne se compose que de l'individuel. Vous, individualistes, vous comprenez cela. Allons plus loin, l'attentat est moins meurtrier que l'insurrection; il épargne des victimes, s'adressant au vrai coupable. Orsini et les siens ont fait ce que vous faites vous-même; il a été juré, d'un crime; de plus, juge et bourreau; mais pour payer cette triple fonction, il a livré sa tête; il a engagé d'abord sa conscience comme vous, et plus que vous, sa vie. Croyez au droit de ceux qui meurent pour le prouver. Croyez à ce droit, autant qu'au vôtre, Quoique individuel, il est aussi sûr que le collectif. La certitude et la garantie qui lui manquent du côté du nombre ou de la forme, il les regagne et au-delà dans la conviction et le sacrifice. Il faut un sentiment plus profond du droit pour faire un Orsini que pour faire même un Conseil de la Reine. Ne craignez pas les fantaisies qui se paient de l'existence. Ne craignez pas que la justice privée se substitue à la justice publique. Elle coûte trop cher pour n'être pas rare. Elle ne vient qu'à défaut de l'autre, quand elle est nécessaire. Pourquoi n'y a-t-il pas des premiers-venus chez vous, en Suisse, en Belgique, en Hollande, en Piémont, en Amérique, partout enfin où ils n'ont pas raison d'être? Parce qu'il n'y a pas d'effet sans cause et que la folie seule pourrait les produire; or les fous ne meurent pas à la Roquette; il n'y a que les bandits ou les héros.

Mais on nous dit d'ailleurs, et pour raison finale: c'est vrai, c'est juste, mais c'est inutile. Pour des utilitaires et des praticiens comme vous, à la bonne heure, voilà une objection! M. Bodkin ne l'a pas trouvée. Un des nôtres même, qui a eu plus de courage pour nous faire cette objection à Paris, que nous n'en avons pour y répondre à Londres, Proudhon qui a acheté cette liberté grande de trois ans de prison, tout en louant notre franchise et prenant sa part de notre complicité, se joint à M. Bodkin pour nous reprocher au moins quelque chose de spécieux, l'inutilité. "Le tyrannicide n'a jamais servi à rien. Voyez, dit-il, si les anciens Césars ont été détruits par le Césaricide!" Dieu merci! nous sortons des généralités et des synthèses, pour rentrer dans l'expérience et l'observation. Voyons ce dernier grief! A vrai dire, nous sommes un peu loin des derniers Césars et ne savons pas trop ce qui se passait à Rome. Donc, nous ne pourrions dire par.

faitement si les Césaricides atteignaient ou manquaient leur but; si les attentats d'alors ressemblaient identiquement à ceux d'aujourd'hui; si, à l'inverse d'à-présent, ils n'en voulaient pas plus aux hommes qu'aux choses, à l'empereur qu'à l'empire; si les Narcisses, les Macron et autres prétoriens ne voulaient pas changer le tyran plutôt que la tyrannie. Quoiqu'il en soit, nous savons beaucoup mieux l'histoire de notre pays et surtout de notre temps, et nous ne voyons pas là que le régicide soit aussi inutile qu'on le dit. Nous ne rappellerons pas même notre Charles Ier à nous, dont la république lança la tête comme un boulet de guerre aux rois de l'Europe. Nous nous rapprocherons de notre époque et de la question. Nous nous en tiendrons aux attentats proprement dits, à ceux d'hier, et nous verrons que toujours l'attentat trouble le coupable, même quand il ne le touche pas; qu'il l'exaspère, l'affolle, le pousse et l'accule aux mesures extrêmes: et comme le bien sort de l'excès du mal, l'attentat avance ordinairement la révolution. Ainsi l'attentat de Louvel amena le ministère Villèle, et toutes les lois de réaction, lois d'amour, du sacrilège, d'indemnité, toutes mesures de violence qui hâtèrent la révolution de Juillet. Ainsi l'attentat de Fieschi amena de même le ministère Guizot, les lois de Septembre, lois de censure et de rigueurs qui pressèrent la révolution de Février. Ainsi l'attentat d'Orsini amena le ministère Espinasse et la loi des suspects et les notes Walewski, bref toutes les fureurs et les folies qui dénoncent, isolent et précipitent aussi l'empire à sa révolution. Nous sommes assez vieux pour avoir vu les deux autres, et assez jeunes encore pour voir cette troisième. Orsini n'a donc pas travaillé en vain. Ce qui est conséquent ne saurait être inutile, à moins d'accuser le logique même d'absurdité.

Mais admettons tout contre nous, pratique, logique, droit historique et droit naturel, il y aura encore et toujours le droit écrit, la constitution, le contrat qui fait loi, qui oblige, qui lie les parties, celles du moins qui ont consenti, signé, juré. Bonaparte savait donc bien à quoi l'exposaient et à quoi nous engageaient les articles 68 et 110 de la Constitution.—" Toute mesure par laquelle le président de la république dissout l'Assemblée Nationale est un crime de haute trahison ;

La présente Constitution est confiée à la garde et au patriotisme de tous les citoyens," En un mot, l'insurrection pour nous, la mort pour lui. Voilà pour la question de Droit ! Elle est résolue comme la question de Fait.

Reste la forme de la lettre, car nous ne voulons rien laisser à M. Bodkin, reste le fameux, l'infâme : " Nous n'avons pas l'honneur d'avoir participé à leur entreprise... mais le coq, etc." Ainsi dit l'avocat dans sa péroraison, ils ne se contentent pas de justifier, ils honorent. Si ce n'est plus qu'une question de forme, la faute en effet nous est personnelle, et c'est affaire de critique et non de jurés. Mais quant au fond même, en louant et honorant l'acte, nous ne sommes encore que de pauvres plagiaires et d'humbles imitateurs du présent et du passé. Anciens et modernes ont récompensé avant nous, plus que nous, décerné médailles et statues, marbre et bronze, gloire et pensions à leurs libérateurs, même aux êtres les moins faits pour le meurtre. La Bible a consacré sainte Judith ; l'histoire a célébré même la courtisane Læna ; la poésie chanta l'*Ange de l'assassinat*, Charlotte Corday ; la royauté a anobli Cadoudal; l'empire a payé Cantillon. Mieux encore un des vôtres donnait cent livres pour la tête de Bomba, c'est bien cher. Votre gouvernement, après avoir condamné Peltier pendant la paix, l'a subventionné pendant la guerre, prouvant ainsi lui-même que l'attentat n'est pas crime; car la paix ou la guerre n'ont rien à faire avec le crime vraiment crime, et n'empêchent pas de pendre Palmer ou d'enfermer Robson.

Nous, qui ne pouvons ni payer ni anoblir nos Cadoudal et nos Cantillon, nous les saluons. Pendant que l'encre des scribes et le crachat des juges insultaient à l'homme qui mourait pour son pays, nous avons cru devoir nous unir au peuple de Paris qui s'est découvert devant lui, qui a mis chapeau bas devant cette grande figure, qui a salué aussi cette noble tête que les robins voulaient flétrir et que les bourreaux allaient couper. Mais vainement tous les Bodkin et les Chaix ont passé la râpe de leur langue et l'acide de leur bave sur son front pur, fait de ce vieux tuf romain, vraie carrière de héros. Ils n'ont ni entamé ni sali ce marbre antique, et nous pouvons dire avec Shakespeare: "c'était le plus honnête de Rome; ce que les autres pouvaient faire par envie, il l'a fait pour le bien de tous; la nature l'avait créé d'éléments si dignes qu'elle pouvait s'en énorgueillir et dire au monde entier: c'était un homme!"

Ils sont morts deux, sans compter le premier; deux dignes l'un de l'autre, chacun à sa manière, l'un chantant et l'autre priant pour la patrie, l'un comme un soldat, l'autre comme un sage, martyrs tous deux.

Quant à nous, proscrits français, puisqu'il faut le répéter pour conclure, nous n'avons pu que les honorer, sans pouvoir les imiter. Nous avons loué leur dévouement, non pour exciter à leur exemple, les mots n'y font rien; non pour pousser à l'attentat, nous n'y comptons pas. Nous avons honoré et loué l'effort individuel, mais nous ne croyons qu'au succès de l'effort collectif. Nous comprenons mieux l'insurrection que l'attentat. Chacun son arme dans la lutte de tous contre lui. Le cas d'ailleurs n'est pas tout à fait le même pour nous que pour eux. Pour eux l'empereur était un ennemi, guerre pour guerre, bombe pour bombe. Mais pour nous, c'est un peu différent, Bonaparte est un malfaiteur. Or, vous savez, on n'assassine pas un malfaiteur, on l'exécute. La poudre n'a rien à faire là. Il s'agit d'un moyen moins héroïque et d'une main plus sûre. Le moyen vulgaire... et la main spéciale. Il faut un exemple. La révolution le garde à la justice. Sa contumace expire. La république l'attend. Il est assigné pour les Assises prochaines. Son jour vient; nous y serons. M. Bodkin pourra même, s'il le veut, le défendre encore, non plus devant le Banc de la Reine, mais devant le tribunal du peuple, devant un jury libre et juste comme vous, qui prononcera la condamnation du coupable... et l'échafaud que nous avions abattu, qu'il a relevé, retombera sur lui pour la dernière fois.

Pour la Commune Révolutionnaire,

Londres, 14 juillet 1858,   **Félix Pyat.**

www.ingramcontent.com/pod-product-compliance
Ingram Content Group UK Ltd.
Pitfield, Milton Keynes, MK11 3LW, UK
UKHW020023080726
13614UKWH00004B/1520